BEI GRIN MACHT SICH IHR WISSEN BEZAHLT

- Wir veröffentlichen Ihre Hausarbeit, Bachelor- und Masterarbeit

- Ihr eigenes eBook und Buch - weltweit in allen wichtigen Shops

- Verdienen Sie an jedem Verkauf

Jetzt bei www.GRIN.com hochladen
und kostenlos publizieren

Anne Grimmelmann

Pragmatik - ein Überblick

GRIN Verlag

Bibliografische Information der Deutschen Nationalbibliothek:

Die Deutsche Bibliothek verzeichnet diese Publikation in der Deutschen National-
bibliografie; detaillierte bibliografische Daten sind im Internet über http://dnb.d-
nb.de/ abrufbar.

Impressum:

Copyright © 2007 GRIN Verlag GmbH
Druck und Bindung: Books on Demand GmbH, Norderstedt Germany
ISBN: 978-3-638-83645-6

Dieses Buch bei GRIN:

http://www.grin.com/de/e-book/78439/pragmatik-ein-ueberblick

GRIN - Your knowledge has value

Der GRIN Verlag publiziert seit 1998 wissenschaftliche Arbeiten von Studenten, Hochschullehrern und anderen Akademikern als eBook und gedrucktes Buch. Die Verlagswebsite www.grin.com ist die ideale Plattform zur Veröffentlichung von Hausarbeiten, Abschlussarbeiten, wissenschaftlichen Aufsätzen, Dissertationen und Fachbüchern.

Besuchen Sie uns im Internet:

http://www.grin.com/

http://www.facebook.com/grincom

http://www.twitter.com/grin_com

Philipps-Universität Marburg

WS 2006/2007

FB 10 Fremdsprachliche Philologien

Institut für Romanistik

Hausarbeit verfasst von:

Anne Grimmelmann

6. Semester

Französisch und Spanisch Lehramt

Pragmatik – ein Überblick

Inhalt

Einleitung

Das Wort Pragmatik kommt ursprünglich aus dem Griechischen und bedeutet *Handeln, Tun, Tätigkeit.*[1]

Die Pragmatik ist eine *linguistische Teildisziplin, die sich mit dem Gebrauch sprachlicher Ausdrücke in Äußerungssituationen befasst* und sich auf die *Beziehung zwischen Zeichen und Zeichenbenutzer bezieht.*[2] Das heisst der Benutzer der Sprache bzw. der Zeichen und der jeweilige Kontext wird in die Sprachtheorie mit eingeschlossen. Entstanden ist die wissenschaftliche Beschäftigung mit dieser Teildisziplin der Linguistik in den 60er Jahren, Sprache wird dabei *nicht mehr nur als abstraktes Zeichensystem, sondern als System symbolischer Kommunikation*[3] begriffen. Die Pragmatik beschäftigt sich also nicht mit den Regeln der Sprache, sondern mit den Regeln des Sprach*gebrauchs.*

In folgendem beziehe ich mich auf LINKE (2004) Kapitel 5.1.:

Der Sprachgebrauch zu Zwecken der Kommunikation bedeutet nicht nur Anwendung von sprachsystematischen Möglichkeiten. Die Auswahl dieser Möglichkeiten wird aufgrund von Intentionen des Sprechenden und Regeln des kommunikativen Umgangs gesteuert. Je nachdem was man sagt und mit wem man spricht drückt man Intentionen sprachlich auf unterschiedliche Weise aus, bedingt durch den situativen und kommunikativen Kontext.

Die Pragmatik ist im Rahmen der Sprachwissenschaft keine einheitliche Disziplin, da sie ein sehr komplexes Feld darstellt und ursprünglich außerdem nicht aus der Linguistik, sondern aus der Sprachphilosophie und der Sozialpsychologie kommt. Je nach Theorie beschäftigten sich unterschiedliche Sprachwissenschaftler mit verschiedenen Bereichen der Pragmatik. Dazu analysierten sie Fragen wie den Bezug zwischen

---

[1] LEWANDOWSKI, Theodor: Linguistisches Wörterbuch. Wiesbaden 1994.
[2] BUßMANN, Hadumod: Lexikon der Sprachwissenschaft. Stuttgart 2002 s.234 f.
[3] PELZ, Heidrun: Linguistik. Eine Einführung. Hamburg 2002

a. Gesagtem und Mitgeteiltem

b. Mitgeteiltem und Gemeintem

sowie

c. Die Gestaltung des kommunikativen Austauschs

Im folgenden soll auf drei Teilbereiche der Pragmatik näher eingegangen werden: erstens auf die Deixis (Ausdrücke die je nach Sprecher sowie Position in Raum und Zeit variieren), zweitens auf die Sprechakttheorie (was es heißt durch Sprache zu handeln) und zuletzt auf das Konzept der konversationellen Implikaturen.

Deixis[4]

Allgemein

Deixis kann allgemein als die Zeigefunktion der Sprache definiert werden. Deiktische Ausdrücke sind Wörter, deren Bedeutung sich mit dem Sprecher und seiner Äußerung und dessen Position in Raum und Zeit ändert. Wesentliche Charakteristika von deiktischen Ausdrücken sind dass

a. ihre Bedeutung nur in Abhängigkeit von ihrer Verwendung beschrieben werden kann

b. sich ihre Bedeutung mit dem Sprecher und dessen Position in Raum und Zeit ändert

c. sie auf einen Referenten verweisen ohne diesen zu charakterisieren

d. Beziehungen und Rollen durch sie eindeutig ausgedrückt werden (je nach Modus variierend)

Die Referenzmittel (Deiktika) *dienen dazu, die Verbindung zwischen dem Text und der jeweiligen Wirklichkeit herzustellen.*[5]

Deiktische Kategorien

Es wird unterschieden zwischen Personal-, Objekt-, Lokal- und Temporal- und soziale Deixis.

a. Bei der <u>Personaldeixis</u> liegt die Referenz auf dem Äußerer und/oder dem Rezipienten einer Äußerung. Das können Personalpronomen, Possessivpronomen oder Numerus- und Personalmarkierungen von Verben sein.

   → Beispiele: yo, nosotros, vuestro, compr-*amos*

b. Die <u>Objektdeixis</u> bezieht sich auf die Demonstrativa.

   → Beispiele: esto, este, eso, aquello

---

[4] vgl. LINKE (2004) Kapitel 5.4.2 und RAUH (1978)
[5] PELZ (2002;257)

c. Die Lokaldeixis bezeichnet Orte, die räumliche Beziehung zwischen Position des Sprechers und anderen Positionen wird durch diese Wörter ausgedrückt. In der Regel handelt es sich um Ortsadverbien.

→ aquí, ahí

d. Die Temporaldeixis bezeichnet Zeiträume, die für die Äußerung relevant sind. Dazu gehören Zeitadverbien sowie Tempusmarkierungen von Verben.

→ ahora, hoy, ayer

e. Die soziale Deixis bezieht sich auf Ausdrücke die den sozialen Status des Sprechers oder Adressaten bezeichnen. Sie gibt Auskunft über die Beziehung zwischen Sprecher und Hörer (Respekt, Distanz, Höflichkeit etc.)

→ Personalpronomen der 2. Person: Gebrauch von tú vs. usted je nach Kontext

Sprechakttheorien

In diesem Kapitel beziehe ich mich vor allem auf die Kapitel 1.3 und 4.1 aus HARRAS (2004).

Als Begründer der Sprechakttheorie gilt der Brite John Austin – er entwickelte sie in einer Vorlesung im Jahre 1955. 1962 wurde sein Werk Werk *How to do things with words* veröffentlicht. Seine Theorien wurden später von John Searle aufgegriffen und in seinem Werk *Speech acts* weiterentwickelt. Grundidee der Sprechakttheorie ist, dass sprechen immer auch eine Handlung ist.

Beispiel: Bei einer Trauung sagt der Standesbeamte: *Ich erkläre Sie hiermit zu Mann und Frau*

Es wird unterschieden zwischen konstativen (Behauptungen die wahr oder falsch sein können) und performativen (bezeichnen das Vollziehen einer Handlung) Sätzen. Performative Verben sind z. B. *taufen* oder *danken,* wenn sie in der 1. Person Präsens Indikativ Aktiv verwendet werden.

→ z.B. *Ich taufe dich auf den Namen...*

Austins Theorie der Sprechakte

Austin unterteilt Sprechakte in drei Teilakte (entnommen aus HARRAS Kapitel 1.3.4.):

1. Der lokutionärer Akt (Akt etwas Bestimmtes zu sagen)
   1. phonetischer Akt - das Äußern von Lauten
   2. phatischer Akt - das Äußern von Wörtern oder Vokabeln die einer bestimmten Grammatik folgen
   3. rhetischer Akt - das Benutzen dieser Wörter mit einer bestimmten Referenz und einem Sinn, beides zusammen bestimmt die Bedeutung

Diese Akte gehören zu ein und derselben Handlung, es sind nur verschiedene Beschreibungsaspekte – die drei verschiedenen Akte werden simultan ausgeführt.

2. Der illokutionärer Akt: das Ausführen einer Handlung: mitteilen, drohen, danken usw.
3. Der perlokutionärer Akt - das Erzielen einer Wirkung oder Reaktion beim Adressaten oder bei anderen Personen

Searles Sprechakttheorie

Searle hingegen unterteilt den Sprechakt in vier Teilakte. Er ersetzt den lokutionären Akt durch (1)Äußerungsakt (was das Äußern von Sätzen, die aus Wörter, Morphemen etc. bestehen beinhaltet) und den (2)propositionalen Akt (entspricht Austins rhetischem Akt). Die Proposition kann entweder wahr oder falsch sein. Die Ausdrücke (3)Illokution und (4)Perlokution verwendet er genau wie Austin. Der illokutionäre Akt kann entweder ge- oder misslingen: je nachdem ob die Äußerung verstanden wird oder nicht. Der perlokutionäre Akt kann erfolgreich oder nicht erfolgreich sein, abhängig von der erreichten Wirkung – ist aber seiner Meinung nach nicht immer notwendig für den Vollzug eines Sprechaktes.

Eine Handlung, und ein Sprechakt ist für Searle (auch) eine Handlung, ist erfolgreich, wenn ihr Ergebnis erreicht und ihre

Folge/n eingetreten ist/sind; im Fall sprachlicher Handlungen,
wenn der Adressat die Sprechakt-Intentionen erfüllt.[6]

1.1 Sprechaktklassifikationen

Searle unterscheidet unterschiedliche Illokutionen und teilte sie in verschiedene „Grundtypen" ein (aus LINKE (2004;218):

a. repräsentative Sprechakte

   → sogenannte wahre Darstellung der Welt, bei Austin: konstative Sätze

   → z.B. aussagen, behaupten, erzählen, beschreiben

b. direktive Sprechakte

   → Forderungen, Fragen

   → z.B. bitten, auffordern, befehlen

c. kommissive Sprechakte

   → Verpflichtungen

   → z.B. versprechen

d. expressive Sprechakte

   → Aufrechterhaltung sozialer Kontakte

   → z. B. danken, grüßen, sich entschuldigen

e. deklarative Sprechakte

   → z.B. taufen, verurteilen

---

[6] HARRAS (2004; 213)

8

Konversationsmaximen und konversationelle Implikaturen

nach Grice

Folgendes ist größtenteils sinngemäß aus LINKE (2004; Kapitel 5.3) entnommen. Grice beschäftigt sich mit den Fragen wie man als Rezipient die kommunikative Funktion von Äußerungen erkennt (ob sie wörtlich zu verstehen sind oder nicht zum Beispiel), den Stellenwert der sprachlichen Formulierung erkennt und warum Sprecher darauf zählen können, dass sie verstanden werden.

.

Das Kooperationsprinzip

Hierzu stellt er die Theorie der konversationellen Implikatur auf. Dazu formuliert er ein Rahmenkonzept, das verdeutlicht wie einzelne Regeln im situativen Kontext eingesetzt werden Nach der Grundidee, dass Kommunikation kooperatives Handeln/Interaktion sei, bei der es um die Verständigung geht, formuliert Grice das Kooperationsprinzip:

Die Beteiligten gestalten ihre Äußerungen so, wie es zum erreichen des Zwecks des Kommunikationsaktes erforderlich ist.

Dieses Prinzip steuert die Art und Weise wie Menschen die miteinander kommunizieren ihre Kenntnisse von Sprache, Sprechaktregeln und evtl. konkreten Sprachgebrauchsregeln benutzen. Aus diesem kommunikativen Prinzip der Kooperation heraus leitet Grice vier Konversationsmaximen ab.

Die Konversationsmaximen nach Grice (1968)

1. Maxime der Qualität:
   sage nichts was du für falsch hältst oder nicht hinreichend belegen kannst

2. Maxime der Quantität:
   gestalte deine Äußerungen genau so informativ, wie es der Kommunikationsakt erfordert

3. Maxime der Relevanz

Gestalte deine Äußerungen so, dass sie im Hinblick auf den Kommunikationsakt relevant sind

4. Maxime der Modalität

Gestalte deine Äußerungen angemessen, klar und verständlich. Vermeide Unklarheiten, Mehrdeutigkeiten, unnötige Weitschweifigkeiten und Ungeordnetheit.

Diese Konversationsmaximen können als Richtlinien für den Sprachgebrauch begriffen werden, die eine erfolgreiche, sinnvolle und effiziente Kommunikation ermöglichen. Wenn man dagegen verstößt, ist Kommunikation in der Regel nicht gegeben – oder aber der Verstoß impliziert eine bestimmte Bedeutung die der Empfänger aus der Konversation heraus ableitet. Das nennt man dann konversationelle Implikatur.

Konversationelle Implikatur

Die konversationelle Implikatur bezeichnet indirekte Sprechhandlungen, mit denen der Sprecher etwas anderes meint als er wortwörtlich sagt. Die Verwendung und Interpretation von konversationellen Implikaturen unterliegen bestimmten Bedingungen. Dazu gehört die beiderseitige Beachtung des Kooperationsprinzips und die Kenntnis der wörtlichen Bedeutung der Äusserung, außerdem eine ausreichende Situationskenntnis bzw. ein ausreichendes Hintergrundwissen, wobei konversationelle Implikatur vor allem durch *scheinbare* Verletzung einer Konversationsmaxime ausgelöst werden. Wenn man eine Äußerung aufnimmt, die eigentlich gegen eine der vier Maxime verstößt, impliziert man im Kontext der Konversation also, dass der Äußerer damit etwas bestimmtes Ausdrücken wollte.

<u>Beispiel:</u>

Wenn man in einer Gesprächssituation wegen der Lautstärke eines Radios mehrfach nachfragt was der andere gesagt hat und dieser dann antwortet: *Ich würde das Radio etwas lauter stellen* [7] so würde man diese Aussage wortwörtlich genommen als nicht kooperativ und als Verstoß der Maxime der Qualität betrachtet. Da wir es hier aber mit ironischer Rede zu tun haben, wird hier impliziert genau das Gegenteil der eigentlichen Bedeutung der Äußerung zu vollziehen; nämlich das Radio *leiser* zu stellen.

Dadurch ist auch das Verständnis sprachlicher Mittel wie Ironie oder Metaphern zu erklären.

---

[7] LINKE (2004; S.224)

Verwendete Literatur:

1. **BUßMANN, Hadumod:** Lexikon der Sprachwissenschaft. Stuttgart, 2002. S.534/535

2. **HARRAS, Gisela:** Handlungssprache und Sprechhandlung. Berlin New York 2004

3. **LEWANDOWSKI, Theodor:** Linguistisches Wörterbuch. Heidelberg Wiesbaden 1994. S. 829-831

4. **LINKE, Angelika, NUSSBAUMER, Markus, PORTMANN, Paul R.:** Studienbuch Linguistik. Tübingen 2004. S.193-232

5. **PELZ, Heidrun:** Linguistik. Eine Einführung. 7. Aufl. Hamburg 2002 S. 241-274

6. **RAUH, Gisela:** Linguistische Beschreibung deiktischer Ausdrücke in narrativen Texten. 1978

7. http://luna.lili.uni-bielefeld.de/lion/ Zugriff am 28.11.2006

Weiterführende Literatur

Allgemein und Einführungen

8. **BUßMANN, Hadumod:** Lexikon der Sprachwissenschaft. Stuttgart, 2002. S.534/535

9. **GLÜCK, Helmut (Hrsg.):** Metzler Lexikon Sprache. 2000

10. **LEWANDOWSKI, Theodor:** Linguistisches Wörterbuch. Heidelberg Wiesbaden 1994. S. 829-831

11. **LINKE, Angelika, NUSSBAUMER, Markus, PORTMANN, Paul R.:** Studienbuch Linguistik. Tübingen 2004. S.193-232

12. **MEIBAUER, Jörg:** Pragmatik. Eine Einführung. Tübingen 2001

13. **PELZ, Heidrun:** Linguistik. Eine Einführung. 7. Aufl. Hamburg 2002

14. http://www.uni-trier.de/uni/fb2/ldv/ldv_wiki/index.php/Hauptseite Zugriff am 26.11.2006

15. http://luna.lili.uni-bielefeld.de/lion/ Zugriff am 28.11.2006

Deixis

1. **BÜHLER, Karl:** Sprachtheorie. Die Darstellungsfunktion der Sprache. Stuttgart 1982
2. **HARWEG, Roland:** Studien zur Deixis. Bochum 1990
3. **LEVINSON, Stephen C. :** Pragmatik. Tübingen 1990
4. **RAUH, Gisela:** Linguistische Beschreibung deiktischer Ausdrücke in narrativen Texten. 1978

Sprechakttheorie

1. **AUSTIN, John Langshaw:** How to do things with words. Oxford 1962
2. **HARRAS, Gisela:** Handlungssprache und Sprechhandlung. Berlin New York 2004
3. **HINDELANG, Götz:** Einführung in die Sprechakttheorie. Tübingen 2000
4. **LEVINSON, S. C.:** Pragmatik. Tübingen 1990 S. 247–307
5. **MAAS, Utz und WUNDERLICH, Dieter:** Pragmatik und sprachliches Handeln. Frankfurt a. M. 1972
6. **MÜLLER, Beat:** Der Sprechakt als Satzbedeutung : zur pragmatischen Grundform der natürlichen Sprache. Bern 2003
7. **SEARLE, John R.:** Sprechakte. Frankfurt 1983
8. **SEARLE, John R:** Ausdruck und Bedeutung. Frankfurt 1982

Grice

1. **ECKHARD, Rolf:** Sagen und Meinen : Paul Grices Theorie der Konversations-Implikaturen. Opladen 1994
2. **HAGEMANN, Jörg:** Reflexiver Sprachgebrauch : Diktumscharakterisierung aus Gricescher Sicht. Opladen 1997
3. **MEGGLE, Georg (Hg.):** Handlung, Kommunikation, Bedeutung, Frankfurt a.M. 1993
4. **RUBEN, Judith:** Sei relevant! : unterstützte Kommunikation und Linguistik ; die Bedeutung der linguistischen Theorien von Grice und Sperber & Wilson als Erklärungsansatz für Probleme der unterstützten Kommunikation. Luzern 2004